Classic Italian Songs for Medium Voice

30 Works by Handel, Pergolesi, Scarlatti, Vivaldi and Others

Edited by
Alessandro Parisotti

DOVER PUBLICATIONS, INC.
Mineola, New York

Bibliographical Note

This Dover edition, first published in 2003, is a new compilation of works drawn from the *Anthology of Italian Song of the Seventeenth and Eighteenth Centuries, Selected and Edited with Biographical Notices by Alessandro Parisotti / English Translations by Dr. Theodore Baker,* published by G. Schirmer, Inc., New York, in 1894. Schirmer's two-volume work is based on the three-volume *Arie Antiche, Raccolte per Cura di Alessandro Parisotti,* originally published in 1885 by G. Ricordi & C., Milano.

We are indebted to Bernard Peyrotte, Arioso & Bouvier, Paris, for bringing the original edition of this important collection to our attention.

International Standard Book Number: 0-486-42670-X

Manufactured in the United States of America
Dover Publications, Inc., 31 East 2nd Street, Mineola, N.Y. 11501

Contents

With three exceptions, English versions are by Dr. Theodore Baker. Those by H. Millard are noted below. Texts for Martini and Piccinni are in French, Italian, and English. All other songs are in Italian and English only.

Dormi, bella, dormi tu?

(Art thou sleeping, fair one?)

Fragment from the Cantata

"La Serenata."

English Version by
Dr. Th. Baker.

GIO. BATTISTA BASSANI.
(1657-1716.)

ve - gli por - gi - mi qual - che pie - tà, por - gi - mi
wak - ing, let thine heart some pit - y feel, let thine heart
qual - che pie - tà; se ve - gli por - gi - mi qual - che pie - tà, se
some pit - y feel; If waking, let thine heart some pit - y feel, If
ve - gli, se ve - gli por - gi - mi qual - che pie - tà.
wak - ing, if waking, let thine heart some pit - y feel.
rit.

Vivace. (♩. = 66.)
p
So-spi-ri pro-fon-di tra-man-do dal cor e tu non ri-
Tho'yearning pro-foundest my bo-som doth move, Yet ne'er thou re-
mf
spon-di, e tu non ri-spon-di,
spondest, yet ne'er thou re-spondest,
mf
cresc.
e tu non ri-spon-di, ahi, bar-ba-ro a-mor, ahi, bar-ba-ro a-
yet ne'er thou re-spondest: Ah, bar-ba-rous love, Ah, bar-ba-rous
mor; e tu non ri-spon-di, ahi, bar-ba-ro a-
love; Yet ne'er thou re-spond-est, Ah, bar-ba-rous

Largo espressivo. (♩ = 40.)
mor, e tu non ri - spon-di, ahi, bar - baro a - mor.
love, yet ne'er thou re - spondest, ah, bar - barous love!
Vivace.
p espress.
Bei lu - mi ru - bel - li chi mai, chi v'a - pri - va? e tu non fa -
Fair eye that de - fi - est Who dar - eth to brave thee, To mine ne'er re -
mf
vel - li, e tu non fa - vel - li,
pli - est, to mine ne'er re - pli - est,
e tu non fa - vel - li, ahi, bar - ba - ro a - mor, ahi, bar - ba - ro a -
to mine ne'er re - pli - est, Ah, bar - ba - rous love, ah, bar - ba - rous

Largo espressivo.
mor, e tu non fa - vel - li, ahi, bar - ba - ro a - mor, e tu non fa -
love, To mine ne'er re - pli - est, Ah, bar - ba - rous love, to mine ne'er re -
Tempo I.
vel - li ahi, bar - ba - ro a - mor.
pli - est: ah, bar - ba - rous love.
Dor - mi, bel - la, dor - mi, dor - mi
Art thou sleep - ing, fair_ one, sleepest
tu? dor - mi tu? se dor - mi so - gna - ti d'esser men
thou? sleepest thou? If sleeping, be thy dream not all too

cru - da, se ve - gli por - gi - mi qual - che pie -
cru - el, If wak - ing, let thine heart some pit - y
tà, por - gi - mi qual - che pie - tà; se ve - gli por - gi - mi
feel, let thine heart some pit - y feel; if waking, let thine heart
qual - che pietà; se ve - gli, se ve - gli por - gi - mi
some pit - y feel; if wak - ing, if waking, let thine heart
rit.
qual - che pie - tà.
some pit - y feel!
rit.

Deh più a me non v'ascondete.
(Ah! why let me ever languish.)
Arietta.

English Version by
Dr. TH. BAKER.

GIOVANNI MARIA BONONCINI.
(1640 - 1703)

rit.
sol, lu-ci va-ghe del mio sol, lu-ci va - ghe del mio
Sun, In thy way-ward beams, my Sun, In thy way - ward beams, my
rit.
p
sol. Con sve-lar-vi, se voi
Sun? Clear out-shin-ing, thou canst
p dol.
p
rit.
sie-te, voi po-te-te far que-st'al-ma fuor di duol, voi po-
ban-ish All the anguish Of the night my soul doth shun, All the
rit.
dim. rit.
te - te far que-st'al-ma fuor di duol, far quest'al-ma fuor di duol.
an - guish of the night my soul doth shun, of the night my soul doth shun.
p dol.

p
Deh, più a me non v'a-scon-de-te, lu-ci va-ghe del mio
Ah why let me ev-er languish In thy wayward beams, my
p
sol, deh, più a me non v'a-scon-de-te, lu-ci va-ghe del mio
Sun? Ah why let me ev-er languish In thy wayward beams, my
p
sol, lu-ci va-ghe del mio sol, lu-ci va-ghe del mio
Sun, in thy way-ward beams, my Sun, in thy way-ward beams, my
molto rit.
sol, lu-ci va-ghe del mio sol.
Sun, in thy way-ward beams, my Sun?
col canto
p
ff

rolled except: middle word set - 2 vowels

Amarilli, mia bella.

(Amarilli, my fair one.)

English Version by
Dr. Th. Baker.

Madrigal.

GIULIO CACCINI.
(1546-1614)

f
p
A - primi il pet - to e ve-drai scritto in co - re: A-ma-
Ope thou my bo - som, and see thy fears re-prov - ed; On my
f
p
smorz.
dolce
cresc.
più cresc.
ril - li, A-ma-ril - li, A-ma-
heart 'tis writ, On my heart 'tis writ: "A-ma-
pp
cresc.
più cresc.
f
poco rit.
a tempo
mf
ril - li è il mio a - mo - re. Cre - di - lo
ril - li, my be - lov - ed!" Do but be-
f
poco rit.
p dolce
pur: e se ti-mor t'as-sa - le, du - bi-tar non ti
lieve, for should e'er fear as-sail thee, It can nev-er a-
dolce

p smorz.
va - le. A - primi il pet - to e ve-drai scrit-to in co -
vail thee. Ope thou my bo - som, and see thy fears re-prov -
re: A-ma-ril - - li, A-ma-ril - -
èd; On my heart 'tis__ writ, On my heart 'tis__
dolciss.
cresc.
più cresc.
rit.
li, A-ma-ril - li è il mio a-mo - - re; A-ma-
writ: "A-ma-ril - li, my be - lov - - èd; A-ma-
ppp dolciss.
rit.
ril - - li__ è il mio a-mo - - - - re.
ril - - li, __ my be-lov - - - - ed!"
assai legato.

Sebben, crudele.

(Tho' not deserving.)

Canzonetta.

English Version by
D^r TH. BAKER.

ANTONIO CALDARA.
(1671 – 1763)

cresc.
mi fai lan - guir, sem - pre - fe - de - le ti - vo - glio a - mar.
Thy cru - el scorn, Ev - er un - swerv - ing Thee on - ly I love.
rit. assai.
mf
Seb - ben, cru - de - le, mi fai lan - guir,
Tho' not de - serv - ing Thy cru - el scorn,
f
sem - pre - fe - de - le ti - vo - glio a - mar.
Ev - er un - swerv - ing Thee on - ly I love.
p
Con la lun - ghez - za del mio ser - vir
When to thee kneel - ing All I have borne,
la tua fie - rez - za, la tua fie -
Thy pride un - feel - ing, Thy pride un -

rez - za sa - prò stan - car, la tua fie - rez - za
feel - ing I then shall move, Thy pride un - feel - ing
rit.
sa - prò stan - car.
I then shall move.
f
p smorz.
rit.
a tempo.
p
Seb - ben, cru - de - le, mi fai lan - guir,
Tho' not de - serv - ing Thy cru - el scorn,
cresc.
più cresc.
rit.
sem - pre fe - de - le, sem - pre fe - de - le ti vo - glio a -
Ev - er un - swerv - ing, ev - er un - swerving Thee on - ly I

mar.
love.
Seb - ben, cru -
Tho' not de -
f deciso.
p
mf
cresc.
f
de - le, mi fai lan - guir, sem - pre fe - de - le ti -
serv - ing Thy cru - el scorn, Ev - er un - swerv - ing Thee
rit assai.
mf
cresc.
vo - glio a - mar, seb - ben, cru - de - le, mi fai lan -
on - ly I love; Tho' not de - serv - ing thy cru - el
rit assai.
mf
cresc.
f
rit assai.
guir, sem - pre fe - de - le ti - vo - glio a - mar.
scorn, Ev - er un - swerv - ing Thee on - ly I love.
f
rit assai.
pp
2 Ped.
*

Vittoria, mio core!

(Victorious my heart is!)

Cantata.

English Version by
H. MILLARD.

GIAN GIACOMO CARISSIMI.
(1604(?)-1674)

Allegro con brio. (♩ = 168)

p
cresc.
sciolta_ d'A - mo - re_ La_ vil ser - vi - tù, È sciol - - -
love now has bro - ken its shackles in twain, For love
sf
p
cresc.
f
- - - - ta d'A - mo - re La ser - vi - tù.
now has bro - ken its shackles in twain.
f f f
sf
meno mosso, e dolce assai.
p
Già l'em-pia a' tuoi dan - ni Fra stuo-lo di sguar - di, Con vez-zi bu -
The false one is vanquish'd, her glances a - muse me, De - ception no
p meno mosso, e dolce assai.
cresc.
giar-di Di - spo - se_ gl'in - gan - - - ni; Le fro - de, gli af -
longer with arts can_ con - fuse_ me! No false-hood or
cresc.

fan-ni Non han-no più lo - - co, Del cru - do suo fo - co È
sorrow op - press me with rig - - or, The flame, once so cru - el, has
f Tempo I.
spen-to l'ar - do - - re! Vit - to - ria! Vit - to - ria! Vit-
spent all its vig - - or! Vic - to - rious! Vic - to - rious! Vic -
f
to-ria! Vit - to - ria, mio co - - re! Non la - grimar più, Non
torious! Vic - to-rious my heart is! And tears are in vain, And
p
p
la - gri-mar più, È sciol-ta d'A - mo - re La vil ser - vi -
tears are in vain, For love now has bro-ken its shack-les in
f
sf

p
cresc.
f
tù, È sciol - - - - - - ta d'A-
twain, For love now has
p
cresc.
f f
meno mosso, e dolce assai.
p
mo-re La ser - vi - tu! Da lu - ci ri - den - ti Non e - sce più
broken its shackles in twain! Her smile once en - trancing no darts is re -
f f f
p meno mosso, e dolce assai.
strale, Che pia - ga mor - ta - le Nel pet - to m'av - ven - - ti: Nel
vealing, The wounds in my bo-som with time are all heal - - ing; All
cresc.
duol, ne' tor - menti lo più non mi sfac - - cio È rot-to o - gni
sorrow and torment no lon-ger I'm fear - - ing, Now bro-ken each
cresc.

Tempo I.
lac-cio, Spa - ri - to il ti - mo - - re! Vit - to-ria! Vit - to-ria! Vit-
tie is, all fears dis - ap - pear - - ing! Vic - to-rious,Vic - to-rious, Vic-
to-ria! Vit - to-ria, mio co - - re! Non la - grimar più, Non la - grimar
torious,Vic - to-rious my heart is! And tears are in vain, And tears are in
più, È sciol- ta d'A - mo-re La vil ser - vi - tù, È sciol - -
vain, For love now has bro-ken its shackles in twain, For love
cresc.
largamente stent.
- - - - ta d'A - mo-re La ser - - vi - tù!
now has broken its shackles in twain!
col canto

Delizie contente, che l'alma beate.

(Ye blisses, that ravish.)

Aria from the Opera
"Giasone."

English Version by
Dr Th. Baker.

FRANCESCO CAVALLI.
(1599-1676)

Andantino mosso. (♪ = 132)

re. De-li-zie mie ca-re, fer-ma-te-vi
ed. Ye dear-est of pleasures, Here let me ex-
f
qui: non so più bra-
pire; I long not for
f
p
ma-re, mi ba-sta co-sì; non so più bra-ma-re, mi ba-sta co-
treasures, No more I de-sire; I long not for treasures, No more I de-
f
sì. De-li-zie mie ca-re, fer-ma-te-vi
sire. Ye dear-est of pleasures, Here let me ex-
f

f espress.
rit.
qui: non so più bra - ma - re, mi ba - sta co -
pire; I long not for treasures, No more I de -
sì.
sire.
In
En -
grembo agli a - mo - ri fra dol - ci ca - te - ne
twin'd in Love's meshes, So soft beyond meas - ure,

mo-rir, morir mi con-vie - ne, dolcezza o-mi - ci-da a mor - te,
To die, to die were a pleas - ure; To mer-cies so ten-der, so ten - der
a morte mi gui-da, mi gui-da in brac-cio al mio be - ne.
My life, my life to sur-ren-der, Em-brac-ing my heart's treas - ure.
Dolcez-ze mie ca-re, fer-ma-te-vi qui:
Ye dearest of pleasures, Here let me ex-pire;
f
p

non so più bra - ma - re, mi ba - sta co -
I long not for treas - ures, No more I de -
sì; non so più bra - ma - re, mi ba - sta co - sì; dol - cez - ze mie
sire, I long not for treas - ures, No more I de - sire, Ye dear - est of
f
ca - re, fer - ma - te - vi qui. Non so più bra -
pleasures Here let me ex - pire; I long not for
f espressivo.
ff rit. assai.
ma - re, mi ba - sta co - sì.
treasures, No more I de - sire.
ff rit. molto.
f
mf
ff
rit.

Tu mancavi a tormentarmi.

(Wilt no longer thou torment me.)

Aria.

English Version by
Dr Th. Baker.

MARCO ANTONIO CESTI.
(1620-1669.)

bran-za vuoi di nuo-vo av-ve-le-nar - - mi,
till-ing A new poi-son_ to pre-sent_ me,
mf
e con dol - ce rimem-bran - za, ri-mem -
Of fond mem - 'ries art dis-till - ing, of fond
mf
f
bran - za vuoi di nuo - vo av-ve-le - nar-mi, av-ve-le -
mem - 'ries A new poi - son of fond mem-'ries to pre-
f
tr
p
cresc.
nar - - mi, vuoi di nuo_ vo di_
sent_ me, Of fond mem-'ries, fond
cresc.

nuo - vo av - ve - le - nar - mi, av - ve - le - nar - - mi.
mem'ries art dis - till - ing new poi - son to pre - sent me?
f tr
f rit. p rit.
Moderato. (♩ = 96.)
An - cor du - ra la sven - tu - ra d'u - na fiam - ma in -
Mor - tal an - guish So to lan - guish In the flames of a
mf
ce - ne - ri - ta, la fe - ri - ta an - co - ra a - per - ta
love con - sum - ing, And my burn - ing Wound fore - bodes how
par m'avver - ta nuo - ve pe - ne. Dal ru -
soon are com - ing Woes re - turn - ing. Tho' my

mor del - le ca - te - ne mai non ve - do al - lon - ta -
chain do sore - ly gall me, I re - main, what - e'er be -
f
nar - mi, mai non ve - do al - lon - ta - nar - mi, dal ru -
fall me, I re - main, what - e'er be - fall me; Tho' my
un poco marcato.
f
mor - del - le ca - te - ne mai non ve - do al - lon - ta -
chain do sore - ly gall me, I re - main, what - e'er be -
f
nar - mi, mai non ve - do al - lon - ta - nar -
fall me, I re - main, what - e'er be - fall
f rit.

Tempo I.
mi. Tu man - ca - vi a tor - men -
me. Wilt no long - er thou tor -
p dolce.
tar - mi, cru - de - lis - si - ma spe - ran -
ment me, Cru - el hope, no wish ful - fill -
za, e con dol - ce ri - mem -
ing? Of fond mem - 'ries art thou dis -
bran - za vuoi di nuo - vo av - ve - le - nar - mi;
till - ing A new poi - son to pre - sent me?

e con dol - ce ri-mem-bran - za, ri - mem -
Of fond mem - 'ries art dis-till - ing, of fond
f
bran - za vuoi di nuo - vo av-ve-le - nar-mi, av-ve-le -
mem - 'ries, A new poi - son of fond mem - 'ries to pre-
f
tr
p
cresc.
nar - mi, vuoi di nuo - vo, di
sent me, Of fond mem'ries, fond
p
cresc.
f
rit.
tr
nuo - vo av-ve - le - nar-mi, av-ve - le - nar - mi.
mem'ries art dis-till-ing new poi-son to pre - sent me?
f
rit.
p

Danza, danza, fanciulla gentile.

(Dance, O dance, maiden gay.)

Arietta.

English Version by
Dr. Th. Baker.

FRANCESCO DURANTE.
(1684-1755.)

Gi - ra leg - ge - ra, sot - ti - - - -
Light-ly and air - i - ly fly
f
le al suo - - no, al
While bound - - ing, re - - sound - -
suo - no del - l'on - de del mar.
ing the bil - lows out - ring!
p
Sen - ti il
Dost thou
va - go ru - mo - re del - l'au - ra scher - zo - sa che par - la al
hear the low voic - es of breez - es soft blending Ap - peal to thy

cresc.
co - re con lan - gui - do suon, con lan -
heart with their blan - dish - ing tone? their blan -
cresc.
f rit.
a tempo.
- gui - do suon, e che in -
- dish - ing tone? They in -
rit.
a tempo.
f
vi - ta a dan - zar sen - za po -
vite to a dance nev - er end -
p
p
sa, sen - za po - sa, che in - vi - ta a dan -
ing, And whis - per, "Dance on! dance
f
pp
f
pp

zar. Dan - za, danza, fan - ciul - la gen - ti - le, fan -
on!" Dance, O dance, maid - en gay, To the song that I
p
cresc.
ciul - la gen - ti - le, al mi - o can - ta - re, al
sing, Dance, O dance, maid - en gay, to the song, to the
f rall.
mi - o can - tar, danza, dan - za, al mi - o can -
song that I sing, Dance, O dance to the song that I
tr
f rall.
tar.
sing!
f a tempo.
ff

Vezzosette e care.

(Charming eyes so wary.)

Villanella.

English Version by
Dr Th. Baker.

ANDREA FALCONIERI.
(15..._16...)

cen - ti? Vez - zo - set - te e ca - re pu - pil - let - te ar -
splen - dor? Charming eyes so war - y, Eyes so bright and
cresc.
den - ti, chi v'ha fat - to a - - va - re de' bei rai lu -
ten - der, Where-fore now so char - y Of your ra - diant
cresc.
rit.
cen - ti; chi v'ha fatto a - va - re de' bei rai lu - cen - ti?
splendor? Where-fore now so char - y Of your ra - diant splen - dor?
f
p
rit.
p
S'io ri - mi - ro i vo - stri
When for kind - ly looks en -
ff

sguardi scor - go sol ful - mini e dar - di, scor - go sol
treat - ing Light - nings and darts are my greet - ing, Light - nings and
f
ful - mini e dar - - di: ne ve - der so piu quel
darts are my greet - - ing; Ne'er I see of smiles a
ri - so che ren - dea sı va - go il vi - so, nè ve -
pres - age, That so sweet - ly light the vis - age, Ne'er I
cresc.
der so piu quel ri - so che ren - dea sı va - go il vi - so.
see of smiles a pres - age, That so sweet - ly light the vis-age.
cresc.

rit.
p affrett.
Ah! ah! Vez-zo-set-te e ca-re pu-pil-let-te ar-
Ah! ah! Charming eyes so tender, Eyes so bright and
rit.
p affrett.
sempre cresc.
assai rall.
denti, chi v'ha fatto a - va-re de' bei rai lu - cen-ti, chi v'ha fatto a-
tender, Where-fore now so chary Of your ra-diant splendor? Where-fore now so
sempre cresc.
ff col canto
affrett.
rit.
va-re de' bei rai lu - cen - ti?
char-y Of your ra - diant splen-dor?
affrett.
rit.
p
cresc.
f pp rit.

Lasciar d'amarti.

(Love's bond to sever.)

Fragment from the
Second Cantata.

English Version by
Dr Th. Baker.

FRANCESCO GASPARINI.
(1665 - 1737.)

cresc.
f
bene, ca - ro mio be - ne, non si può far, ca - ro mio be - ne, ca - ro,
lov - ed, mine own be - lov-ed, it can not be, mine own be - lov - ed, my be -
cresc.
f
rit.
Meno. (♩ = 72.)
mf
ca - ro, non si può far. A for - za di pe - ne, di stra - li e ca -
lov - ed, it can not be. In spite of his ar - rows, His fet - ters and
rit.
mf
dim.
te - ne, non vo - glio la - sciar - ti; ti vo - glio a - do - rar, sì, sì, ti
sorrows, I e'er will per - sev - er, A - dore on - ly thee, on - ly thee, a -
dim.
f
rit.
vo - glio, ti vo - glio a - do - rar, ah sì, ah sì, ti voglio a - do -
dore on - ly thee, on - ly thee, a - dore, a - dore, a - dore on - ly
pp
f rit.

Tempo I.
rar.
thee.
mf
il basso legato e cantando
f
assai rit.
mf dol. e legato
Lasciar d'a - mar - ti per non pe - nar, ca - ro mio
Love's bond to sev - er, my heart to free, Mine own be -
a tempo
rit. con grazia
f
be - ne, non si può far, no, ca - ro, non si può
lov - ed, it_ can not be, no, it can not, can not
rit.

cresc. molto
smorz.
a tempo
far, la - sciar d'a - mar - ti per non pe - nar, ca - ro mio
be. Love's bond to sev - er, My heart to free, Mine own be -
col conto
a tempo
be - ne, ca - ro mio be - ne, non si può far, ca - ro mio
lov - ed, mine own be - lov - ed, it can not be, mine own be -
f
f
rit.
be - ne, ca - ro, ca - ro, non si può far.
lov - ed, my be - lov - ed, it can not be!
rit.
p molto rit.

Caro mio ben.

(Thou, all my bliss.)

Arietta.

English Version by
Dr. Th. Baker.

GIUSEPPE GIORDANI. (GIORDANIELLO.)
(1743 - 1798.)

Larghetto. (♩ = 60.)

p
cor. Il tuo fe -
lorn. Thy lov - er
f
f
p
f
del so - spi-ra o - gnor. Ces - sa, cru - del, tan - to ri -
true Ev - er doth sigh; Do but for - go Such cru - el
f rit.
gor! Ces - sa, cru - del, tan - to ri - gor, tan - to ri -
scorn! Do but for - go Such cru - el scorn, such cru - el
f rit.

rit. ppp
mf
gor! Ca - ro mio ben, cre - di - mi al - men, sen - za di te lan - gui - sce il
scorn! Thou, all my bliss, Be-lieve but this: When thou art far My heart is
rit. ppp
mf
p
cresc.
più cresc.
cor, ca - ro mio ben, cre - di - mi al - men, sen - za di
lorn, Thou, all my bliss, Be - lieve but this, When thou art
p
cresc.
più cresc.
f
p
te lan - gui - sce il cor.
far My heart is lorn.
p
f
rit. ff

O del mio dolce ardor.

(O thou belov'd.)

Aria.

English Version by
Dr. TH. BAKER.

CRISTOFORO GLUCK.
(1714 – 1787)

p
L'au - - ra che tu re - - spi - - - ri,
At length the air thou breath - - est
al - fin re - spi - - - ro,
my soul in - spir - - eth,
f
al - - fin re -
my soul in -
f

p
spi - - - - - - - ro. O - -
spir - - - - - - - eth. Wher - -
p
vun - - que il guar - - do io gi - - - - - ro, Le tue
e'er mine eye may wan - - - - der, Still of
fp
va - ghe sem - bian - ze A - mo - re in me - di - pin - ge: Il
thee some vague sem - blance Doth Love a - wake with - in me, My
mio pen - sier si fin - ge Le più lie - - -
ev - 'ry thought doth win me To yet fond - - -
cresc.
cresc.
cresc.

f
dim. assai.
te spe - ran
er re - mem
f
dim.
p
ze; E nel de - si - o che co - sì
brance; And in this ar - dor that all my
p
m'em - pie il pet - to Cer - co te,
bo - som so fir - eth Thee I seek,
p
cresc.
dolce.
p ten. pp
chia - mo te, spe - ro e so -
Thee I call, Fond - ly and e'er
pp
p col canto pp

(a piacere)
p
p
spi - - - - - ro. Ah! O del mio dol - ce ar -
fond - - - - - er. Ah! O thou be - lov'd whom
p
dor bra - ma - to og - get - - - to, bra - ma - to og -
long my heart de - sir - - - eth, my heart de -
p
get - - - - to, L'au - ra che tu re -
sir - - - - eth, At length the air thou

spi - - ri, al - fin re -
breath - - est my soul in -
spi - - - - ro, al -
spir - - - - eth, my
fin, al - fin re - spi - - - - - - ro.
soul, my soul in - spir - - - - - - eth.
f
mf
p

Ah! mio cor.

(Ah, poor heart.)

Aria.

English Version by
Dr TH. BAKER.

GIORGIO FEDERICO HANDEL.
(1683 - 1751)

Andante stretto. (♩ = 104.)

Tempo I.
scher - ni - to se - i.
he scorns thy love.
Stel - le, De - i, Nu - me d'a - mo - re! tra - di -
Hear me, Heaven, ye gods a - bove! Thee, O
to - re, t'a - mo tan - to, puoi la - sciar - mi sola in
trai - tor, love I on - ly, Canst thou leave me weeping
pian - to? Oh De - i! puoi la - sciar - mi, oh
lone - ly? O Heaven! canst thou leave me, O

De - i, per - chè? t'a - mo tan - to,
Heav - en! and why? So I love thee,
f
p
puo - - i la - sciar - mi so - la, so - la,
canst thou leave me weeping, weeping,
l.h.
f
p
so - la in pian - to, puoi la - sciar - mi, oh De - i, per -
weeping and lone - ly, canst thou leave me, O Heav - en! and
chè?
why?
cresc.

f
Ah! mio co - re, scherni - to se - i. Stel - le,
Ah, poor heart! he scorns thy love. Hear me,
f
De - i, Nu - me d'a - mo - re! tra - di -
Heaven, ye gods a - bove! Thee, O
to - re, t'a - mo tan - to, puoi la - sciar - mi sola in
trai - tor, love I on - ly, Canst thou leave me weeping,
pian - to, oh De - - - i, puo - i la -
lone - ly, O Heav - - en! canst thou
sciar - mi so - la, so - la, so - la in pian - to,
leave me weeping, weeping, weeping, lone - ly,

puoi la - sciar - mi, oh De - i, per - chè? per-
canst thou leave me, O Heav - en, and why? and
chè? per - chè? puoi la - sciar - mi so - la in pian - to, oh
why? and why? canst thou leave me weeping, lone - ly, O
f largamente
rit.
De - i! puoi la - sciar - mi, oh De - i, per - chè?
Heav - en! canst thou leave me, O Heav - en, and why?
f largamente, col canto
f
riten. assai e ff

Chi vuol comprar la bella calandrina.

(Who will buy the beautiful canary.)

English Version by
H. MILLARD.

Allegretto grazioso. (♩ = 72)

NICCOLÒ JOMMELLI.
(1714–1774)

can - ta da mat - ti - no in fi - no a se - ra? Chi vuol, chi vuol com-
sings from ear - ly morn to eve so gai - ly? Who wish - es now to
prar - la, ven - ga a con - trat - to! Ven - ga!
buy her? Come, make an of - fer! Come now!
ven - ga! Sempre a buon pat - to la ven - de -
come now! A bar - gain 'tis, such as ne'er was
rò, Sempre a buon pat - to la ven - de - rò. La
seen, a bar - gain 'tis, such as ne'er was seen. The

bel-la ca-lan - dri - - na! chi vuol, chi vuol com - prarla?
beauti-ful ca - na - - ry! Who wish-es now to buy her?
chi? chi? Ven - ga! ven - ga! Sem-pre a buon
Who? who? Come now! come now! A bar-gain
pat - to - la ven - de - rò, Sem-pre a buon pat - to - la ven - de -
'tis, such as ne'er was seen, a bar-gain 'tis, such as ne'er was
ro. E
seen. So

tr
f
sì gentil, ha _ co - sì dol - ce il can - - to, E ven - der - la deg -
pretty, too, and sings so sweet and clear - - ly, Al - tho' I sell her,
tr
f
g'io che l'a - mo tan - to; Ma que - sto è il mio me - stie - re, No'l fo per pia -
still I love her dear - ly; But 'tis to _ earn a liv - ing, Not for pleasure
f
p
ce - re! Ven - ga! ven - ga! Sempre a buon pat - to _ la _
striving! Come now, come now! A bargain 'tis, such as _
f
f
f
p
tr
tr
ven - de - rò, Sempre a buon pat - to _ la _ ven - de - rò. La
ne'er _ was seen, a bar - gain 'tis, such as _ ne'er _ was seen. The

tr
bel-la ca-lan - dri - - na! chi vuol, chi vuol com - prarla?
beauti-ful ca-na - - ry! Who wish-es now to — buy her?
tr
tr
tr
tr
f
p
chi? chi? Ven-ga! ven - ga! Sempre a buon
Who? who? Come now! come now! A bar-gain
tr
tr
f
f
f
f
p
tr
tr
pat - to - la — ven - de - rò, Sempre a buon pat - to - la — ven - de -
'tis, such as — ne'er — was seen, a bar-gain 'tis, such as — ne'er — was
f
p
f
p
rò.
seen.
f
f

Che fiero costume.
(How void of compassion.)
Arietta.

English Version by
Dr. TH. BAKER.

GIOVANNI LEGRENZI.
(1625 - 1690)

Allegretto con moto. (♩. = 56.)

mf un poco meno
rfz
E pur nell' ar-do-re il dio tra-di-to-re un
And yet in my ar-dor I fol-low the hard-er The
f
un poco meno
rfz
espr.
dol.
p
va-go sembiante mi fe'i-do-la-trar,
un va-go sembian-te mi
vi-sion e-lu-sive he shadows be-fore,
The vi-sion e-lu-sive he
f
p
rit.
Tempo I. sfz
decresc.
fe'i-do-la-trar.
Che fie-ro cos-tu-me d'a-li-ge-ro nu-me, che a
shadows be-fore.
How void of compassion Is Cu-pid his fashion, Who
più f
rit.
ten.
sfz
p
cresc.
f
mf
for-za di pe-ne si faccia a-do-rar, si faccia a-do-rar!
che a
drives me by torment himself to a-dore, him-self to a-dore!
Who
cresc.
sfz
f

f
for-za di pe-ne si fac-cia a-do-rar!
drives me by torment him-self to a-dore!
p
Ped. *
mf sfz
Che cru-do de-sti-no che un cie-co bam-bi-no con
O Des-ti-ny senseless! A boy so defenceless, Scarce
cresc.
f
mf
p
cresc.
f p
boc-ca di lat-te si fac-cia stimar, si fac-cia sti-mar, con
wean'd, yet can make us his favor implore, his fa-vor im-plore, Scarce
cresc.
f
boc-ca di lat-te si fac-cia sti-mar!
wean'd, yet can make us his favor im-plore!
p
mf
cresc.

mf un poco meno
rf
Ma que - sto ti - ran - no con bar - ba - ro inganno, en -
A ty - ran - nous mentor, Our eyes he doth en - ter With
f
un poco meno
rf
espr.
tran - do per gli occhi, mi fe' so - spi - rar,
bar - bar - ous wiles till we sigh and give o'er,
dol.
p
en - tran - do per gli occhi mi
With bar - bar - ous wiles till we
f
p
rit.
Tempo I.
sfz
decresc.
fe' so - spi - rar.
sigh and give o'er.
Che cru - do de - sti - no che un
O Des - ti - ny sense - less! A
rit.
più f
ten.

cie - co bam - bi - no con boc - ca di lat - te si fac - cia sti - mar, si
boy so de - fence-less, Scarce wean'd, yet can make us his fa - vor im - plore, his
fac - cia sti - mar! con boc - ca di lat - te si
fa - vor im - plore! Scarce wean'd, yet can make us his
fac - cia sti - mar!
fa - vor im - plore!
sfz
f
p
tr
sfz col canto
cresc.
Ped.

Non posso disperar.

(I do not dare despond.)

Arietta.

English Version by
D^r Th. Baker.

Andante grazioso. (♩ = 80.)

S. DE. LUCA.
(15... –16...)

p
cresc.
cor; non pos - - so di - spe - rar, sei trop - po ca -
heart. I do not dare de - spond, For thou art all too
p
cresc.
più cresc.
f
rit.
pp a tempo
ra, sei trop - po ca - ra al cor; non pos - so di - spe -
dear, too dear un - to my heart; I do not dare de -
più cresc. rit.
pp a tempo
f deciso e rall.
p
rar, sei trop - po ca - ra, sei trop-po, trop-po
spond, For thou art all too dear, For thou art all too
f deciso e' rall.
ca - - ra, cara al cor:
dear un - to my heart,
Sei trop-po trop-po
For thou art all too
p

assai rit.
ca - - - ra, ca - ra al cor.
dear un-to my heart.
assai rit.
ff e deciso
assai rall. e ff
p
p dolce e legato assai
Il so - lo spe - ra - re, il
'Tis on-ly hope so fond, 'Tis
p legatissimo
so - lo spe-ra - re d'a - ver a gio - i - re m'è un dol - ce langui - re, m'è un
on-ly hope so fond, The blisses of wait-ing, That soothe while creat - ing The
ca - ro do - lor, m'è un ca - - ro, m'è un ca - - ro do - lor, il
pain they impart, the pain, the pain they impart. 'Tis
p

cresc.
mf
so - lo spe - ra - re d'a - ver a gio - i - re, m'è un
on - ly hope so fond, The bliss - es of wait - ing, That
p
cresc.
cresc.
dol - ce lan - gui - re, m'è un ca - ro do - lor, ah,
soothe while cre - at - ing The pain they im - part, ah,
mf
cresc.
f
pp
rit.
sì! m'è un dol - ce lan - gui - re, m'è un ca - ro do -
yes! That soothe while cre - at - ing The pain they im -
f
pp
rit.
p a piacere
lor. Non pos-so di - spe - rar,
part. I do not dare de - spond,

p
non pos - so di - spe -
I do not dare de -
rar, sei trop - po, trop - po ca - ra, trop - po, trop - po
spond, For thou art all too dear, thou art all too
ca - ra, sei trop - po ca - ra al cor; non pos - so di - spe -
dear, too dear un - to my heart; I do not dare de -
p
più cresc.
cresc.
f
rit.
rar, sei trop - po ca - ra, sei trop - po ca - ra al
spond, For thou art all too dear, too dear un - to my
cresc.
più cresc.
rit.

pp a tempo
f deciso e rall.
cor; non pos - so_ di - spe - rar, sei trop - po_ ca -
heart; I do not_ dare de - spond, For thou art_ all too
pp a tempo
f deciso e rall.
p
ra, sei trop-po, trop-po_ ca - - ra, cara al
dear, For thou art all too_ dear_ un-to my
assai rit.
cor, Sei trop-po, trop-po_ ca - - ra, ca-ra al
heart; Thou art too dear, too_ dear_ un-to my
p
cor.
heart.
ff e deciso
assai rall. e f

Il mio bel foco.

(My joyful ardor.)

Recitativo ed Aria.

English Version by
Dr TH. BAKER.

BENEDETTO MARCELLO.
(1686 – 1739)

Allegretto affettuoso.
mf
Quella fiam-ma che m'ac - cen-de,
In my heart the flames that burn me,
mf
quel-la fiam-ma che m'ac - cen-de
in my heart the flames that burn me
più f
pia-ce tan-to all'al-ma mi - a, pia-ce tan-to all'al-ma mi - a,
All my soul do so en - rav-ish, all my soul do so en - ravish,
che giammai s'e-stin-gue - rà, s'e - stin-gue - rà, s'e-stin-gue-
That they ne'er shall cease to glow, shall cease to glow, shall cease to
rit.
f portando
cresc.
p
sf
rit.

p dolcemente legato e cresc.
sf
rà, pia-ce tanto al-l'al-ma- mi-a che- giam-mai s'e-stin-gue-
glow, All my soul do so- en-rav-ish, That they ne'er shall cease to
p
p
cresc. sempre
rà,- s'e-stin-gue-rà, che giam-mai s'e-stin-gue-
glow, shall cease to glow, that they ne'er shall cease to-
p
cresc. sempre
f
p rit.
a tempo
rà, s'e-stin-gue-rà,- s'e-stin-gue-rà.
glow, shall cease to glow,- shall cease to glow.
f
p col canto
a tempo
cresc.
p legato con grazia
E se il fato a voi mi
And should fate to ye re-
f
p dim. smorz.
p

ren - de, va - ghi rai del mio bel so - le, al - tra luce el - la non
turn me, Wan - d'ring rays of my fair sun, Oth - er light I cov - et
p
p
(or.)
sf
vuo - le nè vo - ler giammai po - trà, nè vo -
none, Nor the wish can ev - er know, nor the
cresc. poco a poco
p
cresc. poco a poco
ler giammai po - trà, nè vo - ler, nè vo - ler giam -
wish can ev - er know, nor the wish, nor the wish can
f
rit.
mai po - trà, giammai po - trà, nè vo - ler giammai po -
ev - er know, can ev - er know, nor the wish can ev - er
sf
f
p
col canto
pp

trà.
know.
a tempo
cresc.
p
Quel-la fiam-ma che m'ac-cen-de pia-ce tanto al-l'al-ma
In my heart the flames that burn me All my soul do so en-
p
mi-a, pia-ce tanto al-l'al-ma mi-a, che giammai s'e-stin-gue-
ravish, all my soul do so en-ravish That they ne'er shall cease to
rit.
mf
rà, s'e-stin-gue-rà, s'e-stin-gue-rà, pia-ce tanto al-l'al-ma
glow, shall cease to glow, shall cease to glow; All my soul do so en-
f rit.

cresc.
mi-a che giam-mai s'e-stin-gue-rà, s'e-stin-gue-rà, che giam-
ravish, That they ne'er shall cease to glow, shall cease to glow, that they
f rit.
a tempo
mai s'e-stin-gue-rà, s'e-stin-gue-rà, s'e-stin-gue-
ne'er shall cease to glow, shall cease to glow, shall cease to
col canto
a tempo
p dolce
f
rà, quel-la fiam-ma giammai, giammai s'e-stin-gue-
glow, that they ne'er shall cease, that they ne'er shall cease to
rinforz. e rit.
a tempo
rà.
glow.
mf
a tempo
f rit.

Plaisir d'amour.

(The joys of Love.)

English Version by
H. MILLARD.

GIOVANNI MARTINI.
(1741 - 1816)

Allegretto grazioso. (♩. = 46)

p
mour du - re tou - te la vi - - e.
mor tut - ta la vi - ta du - - ra.
bit - ter thro'_ a life - time prove.
p
mf
J'ai tout quit -
Tut - to scor - dai per
I gave up
mf
té pour l'in - gra - te Syl - vi - - e;
le - i, per Sil - via in - fi - - da;
all for cru - el Syl - via's love,
cresc.
f
dim.
p
el - le me quit - te et prend un au - tre a -
el - la or mi scor - da e ad al - tro a - mor s'af - fi -
Too soon I find an - oth - er owns her
cresc.
dim.

mant.
da.
heart.
Plai-sir d'a -
Pia-cer d'a -
The joys of
mf
dim.
p rit.
mour ne du - re qu'un mo - ment: cha-
mor più che un dì sol non du - ra: mar-
love e'er swift - ly do de - part, Its
grin d'a - mour du - re tou - te la vi -
tir d'a - mor tut - ta la vi - ta du -
sor - rows bit - ter thro' a life - time
rit.
e.
ra.
prove.
p
rit. assai.
p

mf
"Tant que cet-te eau - cou - le - ra dou - ce - ment vers
"Fin - chè tran-quil - lo scor - re - rà il ru - scel là
"Long as this brook - let shall soft - ly on - ward flow, The
dolce.
cresc.
f
ce ruisseau qui bor - de la prai - ri - e je t'ai - me-
ver - so il mar che cin - ge la pia - nu - ra io t'a - me-
mead - ow pass - ing on its joy - ous way, Thee I will
cresc.
f
mf
mf
rai," me ré - pé - tait Syl - vi - e.
rò," mi dis - se l'in - fe - de - le.
love," ev - er would Syl - via say:
pp e smorz.
rinf. e rit.
L'eau cou - le en - cor, el - le a chan - gé pour-
Scor - re il ri - o an - cor, ma can - giò in lei l'a-
Still flows the stream, but chang'd is Syl - via
pp

con dolore
tant. Plai - sir d'a -
mor. Pia - cer d'a -
now. The joys of
sf
mf
p
mour ne du - re qu'un mo - ment: cha - grin d'a -
mor più che un dì sol non du - ra: mar - tir d'a -
love e'er swift - ly do de - part, Its sor - rows
più f
cresc.
rall.
rit.
tr
mour du - re tou - te la vi - e.
mor tut - ta la vi - ta du - ra.
bit - ter, bit - ter thro' a life - time prove.
mf
cresc.
p

Lasciatemi morire!
(No longer let me languish.)

English Version by
Dr Th. Baker.

Canto from the Opera
"Ariana."

CLAUDIO MONTEVERDI.
(1568-1643)

Chi vuol la zingarella.

(Who'll try the Gipsy pretty.)

Canzone.

English Version by
Dr. TH. BAKER.

GIOVANNI PAISIELLO.
(1741 – 1816)

so bene in-do-vi - nar. I giovani al can - to - ne
Their fortune I can tell; The laddies at the inn, too,
so meglio stuzzi - car. A vecchi in-na - mo - ra - ti scal - dar fo le cer -
I can amuse as well. When old men feel love burning, I set their heads a -
p
sf
p
vel - la, scal - dar fo le cer - vel - la, a vecchi inna - mo - ra - ti. Chi
turning, I set their heads a - turn-ing, When old men feel love burn - ing. Who'll
rit.
tr
sf
p
rit.
vuol la zin-ga - rel - la, chi vuol la zin-ga - rel-la? Si - gnori, ec - co - la
try the Gip-sy pretty, Who'll try the Gip-sy pretty? Come one and all to
p

qua, si - gnori, ec - co - la — qua. Le don-ne sul bal -
me, come one and all — to — me. For ladies at their
co - ne so bene in-do-vi - nar. I giovani al can-
win - dow Their fortune I can tell, The laddies at the
to - ne so meglio stuzzi - car. A vecchi in-na - mo -
inn, too, I can amuse as well. When old men feel love
ra - ti, a vecchi in-na-mo - ra - ti scal - dar fo — le cer-vel-la. Chi
burn - ing I set their heads a - turn - ing, I — set their heads a - turning. Who'll
rit.
col canto

a tempo
vuol la zin - ga - rel - la gra - zio - sa, ac - cor - ta e
try the Gip - sy pret - ty, So win - ning, wise and
a tempo
bel - la? Si - gno - ri, ec - co - la qua; si -
wit - ty, As one and all may see, as
gno - ri, ec - co - la qua, gra - zi - o - sa, ac - cor - ta e
one and all may see; So win - ning, wise and
bel - la, gra - zi - o - sa, accor - ta e bel - la. Si - gno - ri, ec - co - la
wit - ty, so winning, wise and wit - ty, As one and all may
f
p
f
p

qua, gra - zi - o - sa, ac - cor - ta e bel - la, gra - zi - o - sa, ac - cor - ta e
see, so winning and so wit - ty, so winning, wise and
f
p
animando sempre e cresc.
bel - la, Si - gno - ri, ec - co - la qua, si - gno - ri, si -
wit - ty, As one and all may see, so winning, so
f
p
animando sempre e cresc.
gno - ri, si - gno - ri, ec - co - la qua, si - gno - ri, si -
wit - ty, As one and all may see? so win - ning, so
rit.
gnori, si - gnori, ec - co - la qua.
wit-ty, Come one and all to me.
rit.
f

M'ha preso alla sua ragna.

('Tis Love, that rogue so wily.)

Arietta.

English Version by
Dr. Th. Baker.

PIER DOMENICO PARADIES.
(1710 - 1792.)

Allegretto mosso. (♩ = 76.)

ra - gna quel fur - bet - tel d'a - mor, quel fur - bet-tel d'a -
de - sta, op - pur mi fa so - gnar, op - pur mi fa so -
mon - te ho sem - pre a-mor tra' piè, ho sem - pre amor tra'
pe - ne mi tie - ne not - te e dì, mi tie - ne not - te e
wil - y, Has caught me in his hold, has caught me in his
wak - en, Or thro' my dreams doth stray, or thro' my dreams doth
moun - tain While with my herd I fare, while with my herd I
hurl - ing, Love plies me night and day, Love plies me night and
p
f
p
f
mor, che gi - ra la cam - pa - gna, co -
gnar; ch'e - gli si è mes - so in te - sta di
piè; se vo a ba - gnar - mi al fon - te, si
dì: per te, Tir - si, mio be - ne, mi
hold, Who roves the world as sly - ly As
stray, In - to his head he's tak - en To
fare, And bathe him in the foun - tain When
day, For thee, Thyr - sis, my dar - ling, He
f
p

f
ten.
me fa'l cac - cia - tor, co - me fa'l cac - cia -
far - mi inna - mo - rar, di far - mi in - na - mo -
ba - gna amor con me, si ba - gna a - mor con
fa lan - guir co - sì, mi fa lan - guir co -
an - y hunts - man bold, as an - y hunts - man
steal my heart a - way, to steal my heart a -
I do bathe me there, when I do bathe me
makes me sigh al - way, he makes me sigh al -
tor. 1-4. Guar - da - te vi, pa - sto - ri! guar - da - te - vi, guar -
rar.
me.
sì.
p
bold. 1-4. Be - ware of him, the rov - er! be - ware of him, be -
way.
there.
way.

da - te - vi! Fin da, quel di Li - co - ri
ware of him! Who wins poor shep - herds o - ver
tut - to si li - que - fà; ah! ah! tut -
On - ly to vex them so; Oh! Oh! On -
to si li - que - fà.
2. S'io
3. Se
4. A -
ly to vex them so!
2. From
3. Love
4. His
p
f
pp
cresc.
f rit.
ten.
1. 2. 3.
Fine.
a tempo.
ff
rit.

Se tu m'ami, se sospiri
(If thou lov'st me.)

Arietta.

English Version by
Dr TH. BAKER.

GIOVANNI B. PERGOLESI.
(1710.-1736)

a tempo
che_so-let-to Io_ti_deb-ba ri - a-mar, Pa-sto-rel - lo, sei sog-get-to
that demure-ly I_on thee a - lone_may smile, Simple shepherd, thou art sure-ly
a tempo
pp
cresc.
Fa - cil-mente_a t'in-gannar; Pa-sto-rel-lo, sei sog-get-to Fa-cil-men-te_a
Prone thy sens-es to beguile; Simple shepherd, thou art surely Prone thy senses_
p
cresc.
p
t'in-gan-nar, Fa - cil - men - te_a_ t'in-gan-nar. Bel-la ro-sa
to be-guile, prone thy_ sens - es_ to be-guile. As a fair red
p
poco cresc.
por-po-ri-na Og-gi Sil-via sce-glie-rà, Con la scu-sa
rose, a_ lov-er Fain might Sil-via choose to-day, Hap-ly if_ he

sempre cresc.
del - la spi-na Do-man poi la sprez-ze-rà, Doman poi la sprez-ze-rà.
thorns dis-cov-er 'Tis to-morrow thrown a-way, 'Tis to-mor-row thrown a-way.
sempre cresc.
cresc. un poco
Ma de-gli uomi-ni il con-si-glio Io per me non se-gui-rò. Non perchè mi
All men say of maid-en-fol-ly Finds no fa-vor in mine eyes, Nor because I
cresc. un poco
rit.
pia-ce il gi-glio Gli al-tri fio-ri sprez-ze-rò.
love the lil-y Shall I oth-er flow'rs de-spise.
a tempo
rit.
p
cresc.
p
Se tu m'a-mi, se tu so-spi-ri Sol per
If thou lov'st me, and sigh-est ev-er But for
p
cresc.

rit.
p a tempo
me, gen-til pa - stor, Ho do-lor de' tuoi mar-ti-ri, Ho di-let-to
me, O gen-tle swain, Sweet I find thy lov-ing fa-vor, Pi-ti-ful I
rit.
p a tempo
f rit.
del tuo a-mor, Ma se-pen-si che so-let-to Io ti deb-ba ri - a-mar,
feel thy pain. Should'st thou think tho', that de-mure-ly I on thee a-lone may smile,
f rit.
a tempo
pp
Pa-sto-rel - lo, sei sog-get-to Fa-cil-mente a t'in-gannar, Pa-sto-rel - lo,
Simple shepherd, thou art sure-ly Prone thy sens-es to beguile; Simple shepherd,
a tempo
p
cresc.
rit. assai
sei sog-get-to Fa - cil - mente a t'in-gannar, Fa - cil - mente a t'in-gannar.
thou art sure-ly Prone thy sens-es to beguile, prone thy sens-es to beguile.
rit. assai
cresc.

O notte, o Dea del mistero.

(O night, mysterious Goddess.)

Aria.

English Version by
Dr TH. BAKER.

NICCOLÒ PICCINNI.
(1728 - 1800)

mf
dou - ce com - pa - gne de l'a - mour, O
dol - ce com - pa - gna d'a - mor, O
Love's dear com - pan - ion and friend, O
pp
mf
cresc.
nuit, c'est en toi que j'es - pè - re!
not- - te, è in te so - la ch'io spe - ro!
night, I can hope in thee on - ly!
cresc.
p
più f
hâ - te - toi de chas - ser le
deh scac - - cia del gior - no il ful -
Haste, O hast - - en, that day do
sf
jour; hâ - te - toi
gor; deh scac - - -
end; Haste, O hast - - -
p
sf

de chas - ser le jour, de chas-ser le jour, de chas-ser le
cia del gior-no il ful-gor, del gior-no il ful-gor; del gior-no il ful-
en, that day do end, that day do end, that day do
Un poco animato con affetto.
jour. Char - mant es -
gor. O spe - - -
end. O bliss- -ful
Un poco animato.
poir, cru - el mar -
me, cru - del mar -
hope, O cru- - el an -
ty- -re,
ti- -ro,
guish,
cresc.
mo - ment de
oi - stan - - -
O hours of

f
trou - - - - - - -ble et de bon -
te di gau-dio e ti -
joy and of de -
sf
p
sf
decresc.
più f
heur, et de bon- -heur, je
mor, di gau - dio e ti- -mor, io
spair, and of de- -spair, I
crains, je trem- -ble, je dé -
te- -mo, io tre- -mo, e de -
fear, I trem- -ble, I
cresc.
sf
p
si- -re, je trem- -ble, je dé -
si- -ro, io tre- -mo, e de -
lan- -guish, I trem- -ble, I
f
p

si - - - - re et mon coeur tour à tour sou-
si- - - - -ro e d'a-mo-re so-spi-ra, so-
lan- - - -guish, And my heart sighs in love, sighs in
cresc.
pi-re d'a-mour, d'es-poir et de fra-yeur, d'es-
spi-ra il mio cor, di spe-me e di ti-mor, di
love it doth share With hope and with de-spair, with
cresc.
poir et de fra-yeur, et de fra-
spe- - me e di ti-mor, e di ti-
hope and with de-spair, and with de-
più tranquillo.
yeur. O nuit, Dé-
mor. O not- -te, o
spair. O night, mys-

es - se du mys - tè - re, dou - ce com - pa - gne de l'a -
de - a del mi - ste - ro, dol - ce com - pa - gna d'a -
te - rious God - dess lone - ly, Love's dear com - pan - ion and
mf
sf
più f
espress.
mour, O nuit, o
mor, O not - te, o
friend, O night, O
p
p
nuit, c'est en toi que j'es - pè - re,
not - te, e in te so - la ch'io spe - ro,
night, I can hope in thee on - ly,
più f
più f
hâ - te - toi de chas - ser le jour, O
deh scac - cia del gior - no il ful - gor, ah!
Haste, O hast - en, that day do end, O
sf
sf
f

nuit, c'est en toi, en toi que j'es - pè - re, hâ - te-
sì, del gior- -no il ful - gor, del
night, I can hope, I can hope in thee on - ly, Haste, O
mf
p
con affetto.
allargando.
rit.
ten.
f
toi de chasser le jour, de chas - ser le jour, de chasser le
gior- -no il ful - gor, del gior-no il ful - gor, del gior-no il ful -
hast-en, that day do end, that day do end, that day do
allargando.
col canto.
jour.
gor.
end.
a tempo.
p
più f

Se bel rio.

(When the murm'ring brooklet.)

Canzonetta.

English Version by
Dr. Th. Baker.

RAFFAELLO RONTANI.
(15...–16...)

Andante. (♪= 116.)

d'er - ra; se di fio - ri un pra - ti -
ve - lo e su ro - te di zaf -
guil - eth, When the sun from bloom - ing
trail - ing, And Au - ro - ra ris - es
rit.
cel - lo si fa bel - lo, noi di - ciam: ri - de la ter - ra.
fi - ro mo - ve in gi - ro, noi di - ciam, che ri - de il cie - lo.
meadows Drives the shad - ows, Then we say, that Na - ture smil - eth.
blushing, Earth o'erflush - ing, Then we say, the sky is smil - ing.
rit.
rit.
a tempo
p
Quan - do av - vien che un Zef - fi - ret - to per di -
Ben è ver: quan - do è gio - con - do ri - de il
When to shore a zeph - yr stray - ing Wan - ton
Tho' for joy the moon so queenly Smiles se -
p

let - to bag-ni il piè nell' on - de chiare,
mon-do, ri - de il ciel quando è gioi - o - so;
play-ing, Laves our feet with gen - tle motion,
rene-ly, And the laugh - ing skies be - guile,
rit.
sì che l'ac - qua su l'a - re - na scherzi a pe -
ben è ver: ma non san po - i, co - me vo
When the wave - let light - ly dancing Sparkles glanc -
Tho' all Na - ture may en - deav-or, She can nev -
rit.
a tempo
rit.
na, noi di - ciam che ri - de il ma - re.
i, fa - re un ri - so gra - zi - o - so.
ing, Then we say, how smiles the o - cean.
er Match the sweet-ness of thy smile.
con grazia
rit.

Sen corre l'agnelletta.

(As when a lamb confiding.)

Canzonetta.

English Version by
Dr. Th. Baker.

DOMENICO SARRI.
(1678-1740.)

Andantino. (♩=50.)

del pa - sto - re, nè sa da lui par - tir:
shep - herd's call, nor e'er from him will part:
Sen cor - re l'a - gnel - let - ta al
As when a lamb con - fid - ing O -
cen - no del pa - sto - re, nè sa, nè sa, nè
beys the shep-herd's call, Nor e'er, nor e'er, nor
l. h.
sa da lui par - ti - re, nè sa da lui par - tir; al cen - no
e'er from him will part, nor e'er from him will part; o - beys the

del_ pa - sto - re, nè_ sa da_ lui_ par - tir:
shep - herd's call,_ Nor_ e'er from him will_ part:
Quel
Thy
lab-bro che m'al - let - ta di - spor può del mio co - re, di -
lips so sweet - ly guid-ing Con - trol my will-ing heart,_ con -
spor può del mio co - re a vi - ve - re, a mo - rir, quel
trol my will - ing heart, May life or_ death_ be - fall! Thy

lab-bro che m'al-let- -ta di-spor può del mio co- -re a
lips so sweet-ly guid- -ing, Con-trol my will-ing heart, May
vi-ve-re, a mo-rir, a vi-ve-re, a mo-rir, a
life or death be-fall, may life or death be-fall, may
vi- -ve-re, a mo-rir.
life or death be-fall!
Sen
As

cor-re l'a-gnel-let-ta al cen-no del pa - sto-re, al cen-no del pa -
when a lamb con-fid-ing O-beys the shepherd's call, o-beys the shepherd's
sto - re, nè sa, nè sa da lui par - ti - re, nè
call, Nor e'er, nor e'er from him will part, nor
sa da lui par - tir; al cen - no del pa - sto-re, nè
e'er from him will part; o-beys the shep - herd's call, Nor
sa da lui par - tir.
e'er from him will part.

Sen cor-re l'a-gnel-let-ta al cen-no del pa - sto-re, nè
As when a lamb con-fid-ing O-beys the shep-herd's call,— Nor
rit. a tempo.
sa,— nè sa,— nè sa da lui par-ti-re, nè— sa da—lui par-
e'er,— nor e'er,— nor e'er from him will part, nor e'er from him will
l. h.
rit. a tempo.
ten. f rall. molto. a tempo.
tir; al cen-no del— pa - sto-re, nè— sa da—lui— par - tir.
part; o-beys the shep-herd's call,— nor e'er from him will part.
ten. f rall. a tempo.
f
dim. rall.

Spesso vibra per suo gioco.

(Oft the blindfold boy.)

Canzonetta.

English Version by
Dr. TH. BAKER.

ALESSANDRO SCARLATTI.
(1659 - 1725)

Allegro. (♩. = 126.)

a tempo.
f
rall.
re, stral di fer - ro in no - bil co - re.
ic, darts of steel for hearts he - ro - ic.
a tempo.
f
p rall.
f a tempo.
f cresc.
sf sf
p
Poi lan - guen-do in mez - zo al fo - co del di - ver - so ac - ce - so stra - le per og - get - to non e -
Then con - sum-ed by fire they languish Of his fiercely en - kin - dled ar - rows, Old or young, a - like their
p
cresc.

gua - le que - - - sto man - - - ca, que - - - sto
sor - rows, None so bold, no, none so
f
f
man - - ca e quel vien me - - - no, que - - - sto
cold, can play the sto - - ic, none so
pp
pp
rit assai.
man - - ca, que - - sto man - ca e quel vien me - - no.
bold, no, none so cold can play the sto - ic.
col canto.
Spes - so vi - bra per suo
Oft the blind - fold boy doth
p
f marcato.

più f
gio - - co il ben - - da - - to par - - go - -
bran - dish, While in play - ful mood he
cresc.
p f
let - - to stra - li d'o - ro in u - - mil
hov - ers, Shafts of gold for low - ly
p
f
f
p rall.
pet - to, stral di fer - ro in no - bil se - -
lov - ers, Darts of steel for hearts he - ro - -
f
p col canto.
a tempo. f
p rall. assai.
no, stral di fer - ro in no - bil se - - no.
ic, Darts of steel for hearts he - ro - - ic.
a tempo. f
p col canto.

Consolati e spera!
(Take heart again!)

English Version by
Dr. TH. BAKER.

Aria.

DOMENICO SCARLATTI.
(1685 - 1757)

spe - ra! po - trai d'al-tro og - get - to più lie - to go-
fal - ter! Thou'lt find one as charm-ing, Nor need she be
più f
dim. cresc. decresc.
der, go - der, più lie - to go - der, più lie - to go - der! Con-
coy, be coy, nor need she be coy, nor need she be coy! Take
p cresc. mf dim.
ritard. ten. a tempo. cresc.
so - la - ti! po - trai d'al - tro og - get - to più
heart a - gain! Thou'lt find one as charm - ing, Nor
col canto. f a tempo. cresc. f
ten. rfs rit. tr
lie - to go - der, più lie - to go - der.
need she be coy, nor need she be coy!
rit. col canto. rfz p pp f f

più f ben cantando e larga la frase.
La stel - la più
No star but may
marcato p smorz.
sf
legato.
mf
fie - ra, se can - gia d'a - spet - to, può an -
al - ter Its as - pect a - larm - ing, No
portando.
f
co - ra l'af - fan - no mu - ta - re in pia - cer, mu -
sor - row so last - ing but yield - eth to joy, but
cresc.
mf
ta - re in pia - cer, può an - co - ra l'af - fan - no, l'af - fan -
yield - eth to joy; No sor - row so last - ing, so last -
f
mf
sfz
p

a piacere.
a tempo.
rit.
no mu - ta - re in pia - cer! Con - so - la - ti! e
- ing but yield - eth to joy! Take heart a - gain! Ne'er
rit. a tempo. a piacere.
spe - ra! po - trai d'al - tro og - get - to più
fal - ter! Thou'lt find one as charm - ing, Nor
cresc.
poco marcato.
rit assai.
lie - to go - der, più lie - to go - der, con - so - la - ti!
need she be coy, nor need she be coy! Take heart a - gain!
p rit. col canto.
più f
cresc.
e spe - ra! po - trai d'al - tro og - get - to più
ne'er fal - ter! Thou'lt find one as charm - ing, Nor
più f

p
f
lie - to go - der, go - der, più lie - to go - der, più lie - to go -
need she be coy, be coy, nor need she be coy, nor need she be
p
mf
f
poco rit.
a tempo.
mf
f.
der! Con - so - la - ti! po - trai d'al - tro og - get - to più
coy! Take heart a - gain! Thou'lt find one as charm - ing, Nor
dim.
p col canto.
a tempo.
rfz
p
cresc.
f
ritard.
dolce e riten.
ten.
rfz
lie - to go - der, più lie - to, più lie - to go - der.
need she be coy, nor need she, nor need she be coy!
f
p col canto.
f
a tempo.
lento a piacere.
pp
Spe - ra!
Take heart a - gain!
f
marcato.
p
smorz.
riten.
pp
Ped.
*

Ragion sempre addita.

(How dearly are prized.)

Aria.

English Version by
Dr. Th. Baker.

ALESSANDRO STRADELLA.
(1645-1681.)

rò, io pur se-gui-rò,
trow, it fol-lows, I trow,
p
f
io pur se-gui-rò.
it fol-lows, I trow,
f
f
f
p
Che scio-gliere il piè dai lac-ci di fè non
That faith-less a-stray, A-far from Love's way, I
poco rall.
f
ten-to, non vò; Che
nev-er shall go; That
poco rall.

pp a tempo.
scio-gliere il piè dai lac - ci di fè non ten - to, non
faith - less a - stray, A - far from Love's way, I never shall
pp a tempo.
vò, no, no, non vò, no, no,
go, no, no, I trow, no, no,
pp
pp
non ten - to, non vò, no, no, non vo, non
I nev - er shall go, no, no, I trow, I
f
ten - to, non ten - to, non vò;
nev - er, I nev - er shall go;
f
f

Poco meno.
pp
io pur se - gui - rò, io pur se - gui - rò,
It fol - lows, I trow, from Love's way a - far
Poco meno.
f rit molto.
io pur se - gui - rò.
I nev-er shall go.
col canto.
f
Moderato.
Allegro.
f

Ombra cara, amorosa.

(Gentle Shade, well beloved.)

Scena ed Aria.

English Version by
Dr TH. BAKER.

TOMMASO TRAETTA.
(1727 - 1779)

mf sost.
Tu tran-
All the
sost.
f
decresc.
quil-la godra - i —— nel-le se-di be - a - te, o - ve non
calm now enjoy - est thou Of th'a-bode of the bless - ed, where-to ex-
p
giun-ge nè sde-gno, nè — do - lor; — nè sde-gno, nè — do - lor; do - ve ri-
tendeth Nor sor-row nor — dis - tress, nor sor-row nor — dis-tress; wherefrom are
p legatissimo.
rit.
co - pre o - gni cu - ra mor - ta - le e - ter-no ob-blì -
ban - ish'd All the cares of this earth, and ef - fac'd for ev -
rit.

mf
o, nè più rammen-te-ra-i,
er, Un-heedful wherethounev-er
cresc.
cresc.
fra gli am-ples-si pa-ter-ni il pian-to mi-o, nè
In thy fa-ther's em-brac-es shalt hear my la-ment-ing, Re-
cresc.
que-sto di do-lor, nè que-sto di do-lor sog-
call no sor-row, re-call no sor-row where-
cresc.
f
pp tranquillo.
tr
gior-no in-fe-sto. Om-bra ca-ra a-mo-ro-sa, ah! per-chè ma-i tu
of thou hast partak-en. Gen-tle Shade, well be-lov-ed, ah, wherefore hast thou To
f
pp

f
mf
rit.
cor-ri al tuo ri-po-so, ed io qui re - - sto?
thy re-pose de-part-ed, and me for - - sak - - en?
Andantino. (♪ = 108.)
p grazia.
Io re-sto sem-pre a pian-ge-re do-ve mi gui-da o-
I still un-hap-py am wan-der-ing Whith-er my fate may
p
mf p
gnor, do-ve mi gui-da o-gnor
e'er, Whith-er my fate may e'er
f
d'un in un al - tro or - ror,
Deep-er in dark de - spair.
fp

f
d'un in un al - - tro or - ror
deep - er in dark de - spair
f
la cru - da sor - -
Cru - el - ly lead
f
te.
me.
mf
E a ter - mi - nar le
And ne'er shall cease my
f
la - grime, pie - to - sa al mi - o do - lor, ahi! che non giunge an -
pi - ti - ful, My mourn - ful tears to flow, Nor aught of joy I
mf
p
p
f
rit. p
mf
cresc.
cor per me la mor - te, io re - sto sem - pre a
know, Till death has freed me. I still un - hap - py am
f
col canto.
p animato.
cresc.

piangere, e a terminar le lagrime, pietosa al mio dolor,
wandering, And ne'er shall cease my pitiful, My mournful tears to flow,
ahi! che non giunge ancor per me la morte,
Nor aught of joy I know, Till death has freed me;
rit. col canto.
non giunge ancor per me la morte, per me la morte,
Nor aught of joy I know Till death, till death has freed me,
per me la morte.
till death has freed me.
rit. assai.

Un certo non so che.

(There's one, I know him not.)

Arietta.

English Version by
D[r] TH. BAKER.

ANTONIO VIVALDI.
(16... - 1743)

Con moto ed affettuoso. (♩ = 69.)

- - - scen - - do f p poco rit.
pur do - lor non è, dolor non
yet no pain he brought, no pain he
scen do sfz p poco rit.
Ped. Ped.
Più sostenuto.
mf
è. Un cer-to non so che, un
brought. There's one, I know him not, there's
mf
Ped.
animato. cresc.
cer-to non so che, non so che mi pas-sa il cor, e
one, I know him not, In-to my heart did rove, And
animato.
cresc.
f
Ped. Ped.
cresc. f p rit.
pur do - lor non è, e pur do-lor non
yet no pain he brought, and yet no pain he
cresc. p rit.
Ped. Ped. Ped.

p lento.
è. Se que-sto fos-se a-mor?
brought. Can this Un-known be Love?
f
p col canto pp
f a tempo.
nel suo vo-ra-ce ar-dor, nel suo vo-ra-ce ar-dor già po-si in-
Who, fain his pow'r to prove, who, fain his pow'r to prove, A foot un-
f a tempo.
sfz
f
mf Sostenuto espress.
a tempo.
cau-ta, po-si il piè! se que-sto fos-se a-mor? nel
war-y, un-war-y caught! Can this Unknown be Love? Who,
cresc.
f
mf sostenuto.
p
a tempo.
f
mf
suo vo-ra-ce ar-dor, nel suo vo-ra-ce ar-dor già po-si in-
fain his pow'r to prove, who, fain his pow'r to prove, A foot un-
sfz
p
f

rfz
f
cau - ta, po - si il piè, in-cau - ta il piè!
war - y caught, a foot un-war - y caught!
cresc.
f
mf
ritard.
p molto ritard.
mf a tempo.
cresc.
Un cer-to non so che mi giun-ge e pas-sa il cor, mi
There's one, I know him not, In - to my heart did rove, in -
p
col canto.
p a tempo.
f
p
cresc.
giunge e passa il cor, e pur do - lor non è, e
to my heart did rove, And yet no pain he brought, and
p
cresc.
f p
poco rit.
pur do - lor non è, do - lor non è.
yet no pain he brought, no pain he brought.
sfz
p
poco rit.

Più sostenuto.
mf
Un cer-to non so che, un cer-to non so
There's one, I know him not, there's one, I know him
mf
Ped. *
animato.
che, non so che mi pas-sa il cor, e
not, In-to my heart did rove, And
cresc. animato.
f
p
sfz
cresc.
portando.
pur do-lor non è, e
yet no pain he brought, and
cresc.
f
p
rit.
pur do-lor non è; mi giun-ge e pas-sa il
yet no pain he brought, in-to my heart did
rit.

cresc.
f
dim.
cor, mi giun-ge e pas-sa il cor, e pur do-
rove, in - to my heart did rove, And yet no
cresc.
f
mf
Ped. *
Ped. *
cresc. ed affettuoso.
lor non è, e pur do - lor non
pain he brought, and yet no pain he
dim.
p
più f
cresc.
Ped. *
Ped. *
ritard.
p
è, do - lor non è, do - lor non è!
brought, no pain he brought, no pain he brought!
col canto.
f
Ped. *
Ped.
Ped. *
mf
dim.
p
f
Ped. * Ped. *